Mi vida como inmigrante

Nancy Kelly Allen

rourkeeducationalmedia.com

www.rourkeeducationalmedia.com

PHOTO CREDITS: Cover: © subjug, Bill Noll, franckreporter; All interior images courtesy of the Library of Congress.

Edited by: Precious McKenzie
Traducido y editado por Danay Rodríguez.

Cover design by: Tara Raymo
Interior design by: Renee Brady

Library of Congress PCN Data

Mi vida como inmigrante / Nancy Kelly Allen
(El Pequeño Mundo de Estudios Sociales)
ISBN 978-1-61810-142-6 (hard cover)(alk. paper)
ISBN 978-1-61810-275-1 (soft cover)
ISBN 978-1-61810-400-7 (e-Book - english)
ISBN 978-1-63430-141-1 (hard cover - spanish)
ISBN 978-1-63430-167-1 (soft cover - spanish)
ISBN 978-1-63430-193-0 (e-Book - spanish)
Library of Congress Control Number: 2014953702

Rourke Educational Media
Printed in the United States of America,
North Mankato, Minnesota

Also Available as:

rourkeeducationalmedia.com

customerservice@rourkeeducationalmedia.com • PO Box 643328 Vero Beach, Florida 32964

Yo soy un **inmigrante**. Los inmigrantes son personas que dejan su tierra **natal** para vivir en otro **país**.

En 1900, mi familia salió desde **Italia** hacia **América** cruzando el salvaje y tempestuoso océano Atlántico.

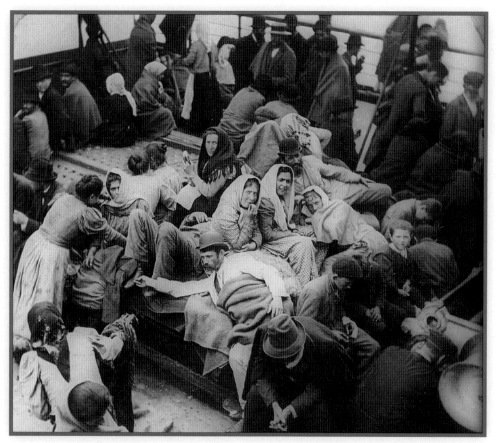

Los barcos estaban abarrotados de inmigrantes que iban hacia América

La Estatua de la Libertad le dio la bienvenida a los inmigrantes a América.

Nuestra primera parada fue en la Isla de Ellis en Nueva York. Dos doctores examinaron nuestra salud.

La Isla de Ellis fue la estación de entrada para los inmigrantes que venían a América.

Mamá y Papá tuvieron que tomar exámenes de lectura. Ellos los pasaron. ¡Qué alivio!

Si los inmigrantes fallaban los exámenes, no podían entrar a los Estados Unidos de América.

Como la mayoría de los inmigrantes, nosotros vinimos a América en busca de libertad y oportunidades. Queríamos tener una vida mejor.

Algunas mujeres inmigrantes se ganaban la vida escribiendo a máquina.

Muchos inmigrantes se quedaron en las grandes ciudades porque pudieron encontrar trabajos allí. Papá encontró un trabajo en una carnicería en la ciudad de Nueva York.

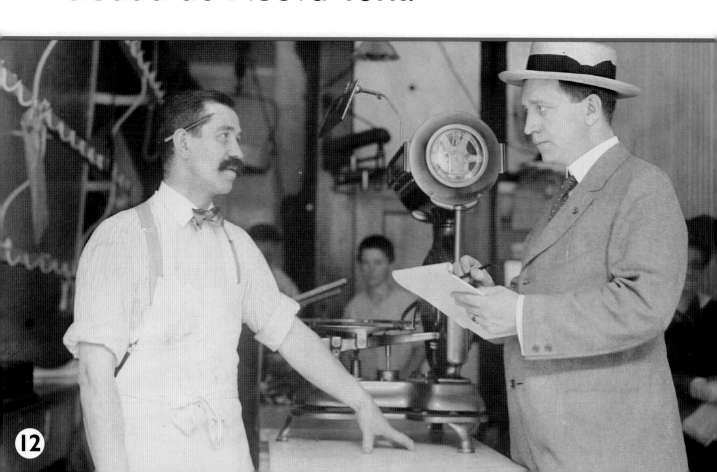

Nueva York se convirtió en una ciudad bulliciosa mientras más inmigrantes se mudaban a América.

Mi hermano mayor consiguió un trabajo en el ferrocarril. Él se mudó a una de las nuevas ciudades que se desarrollaban junto a las vías del ferrocarril en el **Oeste** americano.

Algunos inmigrantes viajaron hacia el Oeste atravesando el país en trenes.

En la escuela, aprendí a hablar inglés con estudiantes de 25 países diferentes.

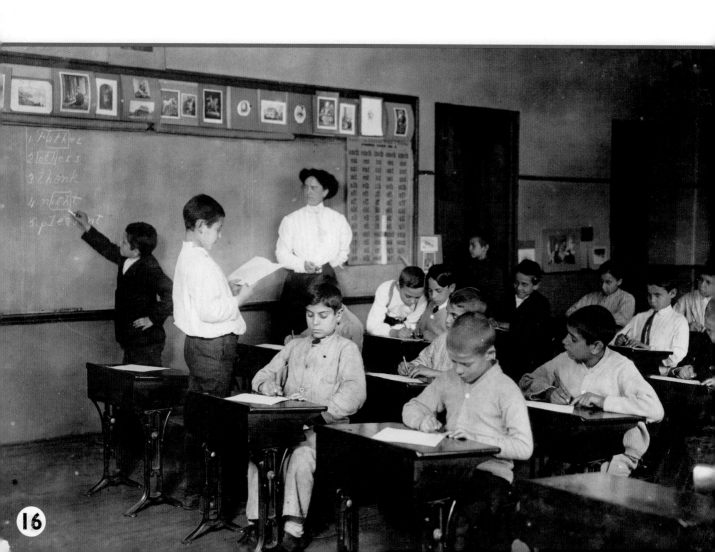

De 1880 a 1923, unos 23 millones de inmigrantes llegaron a América para vivir y trabajar.

También hacíamos trabajos en la casa para ganar dinero extra. Para divertirme, jugaba juegos en la calle.

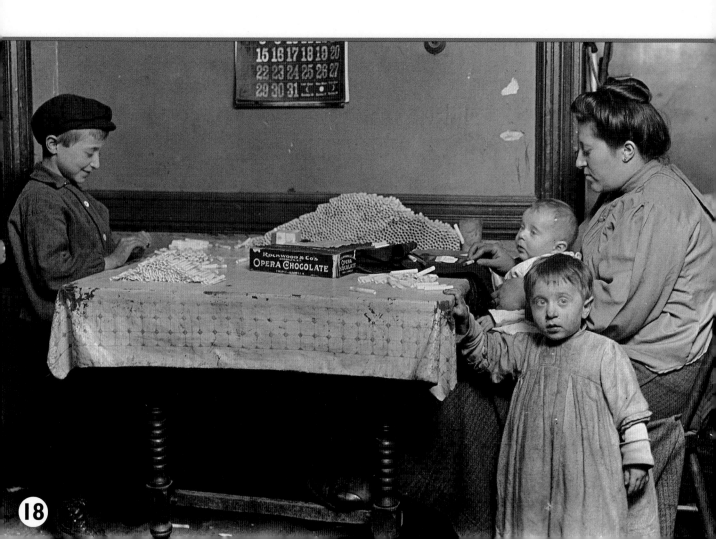

Los juegos de calle
favoritos eran los juegos
de persecución y "jacks".

Venir a los Estados Unidos ha sido muy emocionante. Aquí hay mucho que ver y hacer.

A los Estados Unidos de América le llaman "crisol de razas" porque aquí han venido inmigrantes de muchos países diferentes.

Glosario Ilustrado

América: Otro nombre para los Estados Unidos de América.

inmigrante: Una persona que deja su tierra natal para irse a vivir a otro país.

Italia: Un país en Europa del cual muchos inmigrantes vinieron.

nativo: Pertenecer a un lugar particular por nacimiento.

Oeste: Tierra en la parte occidental de los Estados Unidos que fue la última en establecerse.

país: Una parte del mundo con sus propias fronteras.

Índice

Sitios Web

www.ellisisland.org/immexp/wseix_4_3.asp?

www.teacher.scholastic.com/activities/immigration/tour/stop1.htm

www.pbskids.org/bigapplehistory/immigration/topic7.html

Acerca del Autor

Nancy Kelly Allen ha vivido en Kentucky durante toda su vida. Sus tatara-tatara-tatarabuelos eran inmigrantes que navegaron desde Irlanda hasta América. Ellos desembarcaron en la costa de Virginia y viajaron hasta Kentucky. Nancy nació unos 150 años más tarde.